AF288351

Uwe Kraus

Der Stern des Lebenssinnes
Gedichte, Hymnen

Der Stern des Lebenssinnes

Gedichte, Hymnen

Von
Uwe Kraus

Bibliographische Information der Deutschen
Nationalbibliothek
Die Deutsche Nationalbibliothek verzeichnet diese
Publikation in der Deutschen
Nationalbibliographie; detaillierte bibliographische Daten
sind im Internet über http://dnb.d-nb.de abrufbar.

Herstellung und Verlag:
BoD- Books on Demand, Norderstedt
ISBN: 978-3-8311-2443-5

Vorwort

Dies kleine Buch, das in seiner Art biographische und unterhaltende Züge prägt, schrieb ich für einen meiner Grundgedanken, der fast in allen meinen Gedichten steckt: Humanismus, Menschlichkeit, Nächstenliebe, sind Dinge, die in meinen Gedichten, Aphorismen, Märchen zum Mittelpunkt meines Antriebs werden. Auch zählt für mich die Beschäftigung mit alten Schriftstellern und Philosophen, die ich in meiner Art und Weise auf schriftlichem Wege durchdenke und weiterdenken will.

Die Formen meiner Texte sind an alte Normen gebunden, was heißt, daß meine Gedichte sich nicht anzupassen versuchen an die heutige Art und das Verständnis der Lyrik!

Mein Verstehen und Schreiben orientiert sich nicht nach der Moderne, sondern versucht sich durch die wahre Gedichtform und die Novalischen Maßstäbe zu einer Lyrik zu ordnen, welche durch Kunst und Poesie unendlichen Schein verliehen bekam!

Uwe Kraus
Kaiserslautern, den 1.04.01

an die philosophie

logik
ethik
ontologie
und metaphysische systeme
kant derrida
nietzsche
also sprach zarathustra
religionsphilosophie und blaise pascal
existenz
und
erkenntnis
diese begriffe sind mir alle gar nicht fern!
hyperpolitik
vernunft
spinoza geometrie
wittgenstein freud
jaspers camus

marcuse
und marx
hegel fichte schelling
und noch vieles mehr das mich fasziniert
meine welt geheimnisvoll zu machen
den philosophischen garten zu begehen
so viele rätsel sind es doch
der hermeneutik
der interpretation
die schon auf mich warteten
die mich selbst zum philosoph erkoren!
ohne denken
ohne staunen
wär die welt doch ein langweilig spiel
o philosophie
ich will sein ein guter freund
ein freund zum freund
weisheit erfahrung

sind begegnungen des intellekts stimmen auf den
wegen nach innen!

an die weisheit an die liebe

unselige genien sind doch die philosophen
immer einsam müssen sie den weg bestreiten
die wahrheit getreu mit blutgen augen sehen
einsam ist ihr geschick das sie betreiben
die welt erblicken mit magien
die anfänge alles philosophischen sind
leben muss man für sie und die tat
leben und lieben
denn nur durch die liebe kommt der weisheit letzter
schluss
der weg nach innen dorthin geht der pfad zum herzen
und nur durch ihn wird wahrheit freigesetzt!

die wahrheit die ich leben will
lebt schon lange da im herzen
im spiegel der seele
einen namen gibt es in dem alle anmut steckt!
weisheit kenne ich genug
nun will ich wahrhaft lieben lernen
denn wahrheit forschen wird auf dauer zum betrug.
den ich nennen will stillet alle meine trauer
er bedeutet mir mehr als weisheit in ihm steckt aller
mut!
liebe ist wichtiger als allein mit blutgen augen den
pfad zu betrachten und vor sehnsucht nach liebe zu
schmachten

das leben des steppenwolfes

einsam trabte er durch sandige dünen
des lebens undrüssig
der geist schreit : nihilist!
zugleich die seele brennt der hölle glut
warum, so fragt die litanei er nicht sterben
sondern leben will
die spaltung erhält seinen kreislauf seinen mut
allein kämpft er in sich und zugleich den kampf der
titanen
der wettstreit der engel um sein haupt
der wettstreit gegen die welt
dabei wird keiner zum held
in seinem kopf hissen sie die fahnen zum letzten geleit
der thor seiner seele schreit:
nimm dich in acht bald ist es so weit
da kommt der letzte held der trauer
und nimmt dir dein leid
doch die geschichte will´s
und er kommt an die heilige mauer der wölfe
nur für verrückte spricht sie zu ihm
bekräftigt den drang des wissensdurstes der
vergangenheit
beschert das glück der unsicherheit
der durst nach altem sei gestillt der quell
der jugend hat ihn heimgeholt
die kraft schwand bis zum letzten bissen
eines wolfes tapferkeit
bringt des menschen ewigkeit
er fraß sich selbst in seinen dünen
die seele brach am end entzwei der wolf allein aus ihm
heraus
die seele aber wanderte zu gott apoll
nun singt sie himmelslieder und vergaß
des wolfes letzter fraß!

an den pforten der sinne

an den pforten der sinne wandelte ich
zu finden einen neuen schein
ein neues licht
der tunnel das tal
war dunkel und undurchdringbar
der halluzinogene offenbarungsdrang
der weite des tales das mich umgab
gebunden von schwermut und stimmen
die lauerten überall und wollten mir
dass böse einverleiben
doch mein herz und mein gespalten drang
erhielten den kampf des dämoniums
gott so sagt der götze wohnt in dir
der du nun bist
befreie dich durch den sturm des dunklen
apokalyptischen meeres
bedenke der schmerzen des truges
auf dass du der sklave deiner selbst wirst
dämonium hölle des wiederbringenden ekels
der erinnerung der bannung der pforten der grenzen
bin ich noch ich selbst
was ist wahr und was ist falsch?
die realität schwindet und der moment verschwindet
durch die höllen der ewigen nacht
der wächter am tor:
es gibt kein entkommen
logik wird sterben
die moral begräbt sich im eigenen grabe der vernunft
die sklaverei kennt keine grenzen
von gott der ich einmal war
wurd ich zum sklaven
die seele dunkel die geister sterben den sanften tode
der irrgarten wird eines tages weichen
zeichen des irrationalen
des unlogischen offenbaren sich mir
der einsame junge zerstört unaufhaltsam seine träume
bläst mit dem winde

die zeichen der unsinnigkeit
des trüben scheines
der wind spielt in sanfter begegnung
das lied vom alten rosengarten
von bissen eines wolfes
der geteilt mit zwei arten von seelenbildern
das unergründliche sucht
und niemals findet
angekommen an den pforten der bestimmung
tausche ich den mantel der berührung
gegen ein neues altes leben
doch die musik spricht in worten
nicht in melodischen tönen
am himmel die fahne der tapferen
die mich zum assoziativen könig macht
gekrönt und doch geköpft von schlangenwesen
weiß ich mehr von dunklen meeren
übers wasser will ich fortan wandeln
doch gefühle hindern mich daran
gekreuzigt war ich einst durchs rad der wahrheit
hexenbanner
nun bin ich ein minnesänger auf suche
nach freiheit
ewige metapher bleibt das licht des seienden
wesen und kreaturen
spielen das spiel der magie
die weite zerbricht
wird mir nun die krone genommen werden?
bin ich noch der von dem ich erzählt bekam?
lichter glühen auf dem kristallenen schiff
wer bist du fremder frage ich
die antwort wird gestohlen bleiben
in traum und über-ich
unsterblich bin ich neuerdings
denn relativität ist aufgehoben
von kaste zu kaste will ich nun gehen
bis ich wieder bin entblößt
und ewig frei
so wird die feierstunde zu großer zukunft

an den pforten war ich nun
und will niemals mehr zurück
gefühle sollen niemals blenden
das gefühl ein gott zu sein
sei verdammt und abgeschieden
psyche delois
die seelenoffenbarung wird nun sprechen:
geistige umnachtung
seelentransparenz
und heilige erfahrung
ich kann so manches doch verstehen
was viele große vor angst umgehen!
auch reiste ich durchs schlangental
halb mensch halb irgendwas
vergiss die antworten
nur einzig das licht wird zum schlüssel
der ewigen wiederkehr des unsinnes!

doch am ende vergesse ich nie den jungen der mit dem
winde sich
verstand der ihn wahrhaft zu beherrschen schien!
er bleibt in der erinnerung der könig des himmels und
der gezeiten:

der junge der mit dem wind spielte...

der magische idealismus aus sicht eines betrachters der
gegenwart

magie unendlichkeit
steht im gegensatz zu vernunft und eitelkeit
der eitle das spiel verliert
da nur das unendliche berührt
die gemeinen dinge verschwimmen zu großer
phantasie
das bild des ungewollten wird zum höchstem wert
man vertauscht die rollen der äußerlichkeit
und verleiht einem neuen schein die macht
dann wird das ideale neu geboren
aus vergangenheit wird's auserkoren
denn was vordergründig lebt
wird zum negativen triebe
einzig magie die bliebe
dies ist der geheime schlüssel dieser welt
dass man aus träumen lernt
und phantasie zum betrachtenswerten wird
dass der surreale geist gewinnt
so sei die seele der philosophie wohl neu erbaut
traumbilder werden zum höchsten gut
und vernunft und rationales wird verdrängt
vom geiste des magischen inneren
dass herrscht und schwebt im eigen geist
sinfonie bleibt rationales schweigt
irrationale körper werden fortan leben
die welt beherrscht von lebensphilosophie
von freundschaft und poesie
geist wird zum ewig hellen
denken wird zum vorderen
die zahl zum ahnen
denn magie schwebt in den bahnen!
der ideelle mensch gewinnt den humanen traum
der bewohner lebt nun im anderen raum
im raum des rausches seiner eigen bilder erfüllt vom
alten

des sklaventums und götter schweben über
der gedankenwelt
die nur noch kennt den berauschten
der steigt aus dem dunst der neue mensch
angetrunken an dem saft des äußeren
gelöscht der durst von inneren trieben
die beherrschen den idealismus der magie
der dann ins wahre tritt
menschen werden zum symbolistischen bild des guten
die welt zum großen philosophen
der entsteigt der dünste neue mensch
dem magischen idealist
der gemeinem neuen ruf verleiht
und säulen des gebäudes stehn wie bäume
festgewurzelt in des erdes reich
aus traum wird phantasie
aus phantasie wird traum
aus beidem wird dann nur noch magie
die in beiden sphären steht
und der lebensphilosoph die träume nach außen lebt
human wird dann die welt
gefüllt vom irrationalen körper
der der mensch dann selber sei
doch alles ist nur utopie und träumerei
denn magie lebt doch ihr eignes leben weitab
von dem jetzt der welt
deshalb wird der mensch niemals ideell
dies scheint nur bild des bilds zu sein
ideale träume bleiben
und die vernunft wird nie mehr schweigen!

musik

der wundervolle klang
des weltalls
der verführung
der stufen
des lebens
vereint sich hier
wahrlich
denn musik die höchste kunst
spricht mit melodie
die sprache des höheren sinnes
kunst ertönt im ohre des bewunderers
des alleinigen mittels des zwecks
ein präludium ertönt vom kirchengesims
ewig erschallt der posaunenartige orgelklang
der schwermut
und zugleich die sinfonie
einer scholastischen hingabe
der chor ertönt mit engelszungen:
halleluja
gepriesen sei gott in der höhe
und den menschen
der wohlgefalle

ein zweites oratorium erbricht das neue schweigen:
kyrie eleison
des gottes zion
doch nun an diesem alten kirchentag
erbricht die melodie
den raum des kerzenbeleuchteten scheins
air
ertönt
und der bote auf der heilgen orgel spielt die barocke
phantasie

händel mozart bach

erfüllen dies kirchenfest
zum gehobenen großen
der mensch nur winzig klein
die noten unendlich!

der regenbogen das licht und der engel

jeder tag mit dir ist ein geschenk
ein wunderbares werk
dass wir beide zum schönen machen
denn ich liebe dich
wie das meer den mond
der wind die sonne
die musik die unendlichen noten
ja wie musik in meinen ohren
ewigliche freude des gefühls
so bist du
wie ein engel der mich schützt
der mir hilft
der mich liebt so wie ich ihn

mein herz ohne dich so einsam
traurig, schwermütig und unwirklich
durch dich lernte ich zu leben
mit dir zusammen will ich gehen
doch niemals ohne dich
denn du bist wie der tau im morgen
ein sanfter sommerregen
ein regenbogen in dieser trüben zeit
der farbe in mein seelenbild bringt
der wie ein sonnenstrahl meinen weg mir weist
du diamant kostbares geschenk
das ich niemals verlieren will in der zeit der
verlorenen!

der neue tag

ein neuer tag wird frieden bringen
ein neuer tag wird großes zwingen

ein neuer tag wird reife sein
ein neuer tag wird mein

der tag ist nun wohl angebrochen
die natur ergibt sich
am himmel erstrahlt die sonne
und über dem land ist große wonne
denn die menschen leben
für das neue und weben
ihre träume neu

dieser tag wird geschichte sein
dieser tag wir großes bringen
dieser tag wird wohlig klingen

nun ist der tag zum mittag geworden
alle menschen fühlen sich gut geborgen
denn der tag die freude bringt
die den mensch zum lachen zwingt
der tag scheint doch wie utopie
was meint der tag
dass was beim menschen im verborgenen lag?

nun ist`s abend und der tag wird müd
die sonne sinkt
der mensch wird sich sehnen nach solchen tagen
die wecken des menschen durst am leben
könnt es was schöneres als solche tage geben?

der tag ist nun zu ende
der mensch träumt wohl den sanften traum
wann beginnt ein solcher tag
der öffnet die verborgenen dinge?

der mond steigt
und ich sag zu meinem tag:
komme bald wieder zu uns menschen
wecke das was im verborgenen liegt und lag
du sanfter und guter und ewig neuer tag!

der stern

am abend wenn der wind leis weht
mein sterne hell am himmel steht
weiß ich ich bin nicht allein
und folge der fährte den er am firmament begeht
die er für mich zieht am ewigen reigen der freuden
scheint er doch hell herab zu den gebäuden
und erquickt mein seelenbild
und macht mich glücklich
wusst ich doch du bist mir mehr verwandt
so gib mir doch die sternenhand
der stern kein einfach trug
von ihm hab ich niemals mehr genug
denn ich lieb es sehr das sternenkind
kommt mit ihm doch liebeswehen
so bitt ich hör mein flehen:
verlass mich nicht o stern der freude
wünsch mir glück auf unserm lebensweg
lieben will ich allezeit
so leucht den pfad der zweisamkeit
den ich nicht will im dunklen gehen
so bleib doch niemals stillestehen

der stern ein guter ist und mich beschützt
leb ich doch bald mit ihm zusammen
und ewig strahlt er für sich und mich
o stern wie lieb ich dich!

der träumer

ich träume von glück auf dieser welt
doch allein bin auch ich kein held
zählt doch immer nur das geld
menschen macht nicht weiter kriege
liegt es doch an eurer liebe
was am end mit uns geschieht
wenn nur noch zahlen und figuren leben
der mensch den pfad nach innen meidet
die welt darunter nur noch leidet
wird der magie ein bein gestellt
so wird der zarathustra zum antiheld
ein neues leben für uns alle wünsch ich mir
eines für uns für das wir
wenn es ein solches geben sollte eines mit harmonie
so wird die welt zur sinfonie
menschlichkeit wie braucht man dich
liebt ein jeder doch nur sich
leben wir doch für uns alle
in der erde heilgen halle
müssen wir doch zu uns stehen
und nicht abwegig gehen!

<u>das urgenie der geist und der wille zur macht</u>

weit ab vom dorf der vernunft
vom weiten land der unsagbarkeit
von unsäglicher trauer umfasst
von genialität gepackt
stehst du thor der demiurgischen welt
kämpfst den dämonischen kampf um deiner selbst
willen
kämpfst für freiheit deiner geister
die in dir wohnen
gespalten dein haupt
von kraft und magie
von besessenheit von durst der geister willen
mit dem pferdefuß entkräftet
besteigst den hügel deiner urgewalt:
das eis muß brechen
dein genie das große wecken
vom wesen wirst du einmal lehren
von übergroßen menschen von toten und
neuauferstandenen
du wirst die welt berauschen mit deiner wortgewalt
das große wagen
der pferdefuß stützt deinen leib
dein zyklopenhaupt der einäugigkeit
wird bannen
geister werden schweben
dein leib wird frei
der neue jünger ist geboren
gott wird enthauptet werden durch deine stimme
lehre die weisheit die dein meister dich gelehrt
und zieh aus über die hügel der dämmerung
zu den neuen landen
zu der neuen welt auf der du regieren wirst
wirst lehren dein meister der in dir vom sklaven
spricht
wird aufsteigen
denn er ist wie dynamit
ich werde euch den übermenschen lehren

das tanzen die wissenschaften
von wahrheit und lüge
von logik und amoral
von den schweigsamen
gereist bin ich durchs schlangental
so wirst du sprechen
definiere dich
lehre die unsagbare wiederkunft
einverleibe die künste
du urgenie des wesens
von toten wird gesprochen werden
dein name wird zarathustra sein
zieh für mich durchs tal der schlangen zu den nächten
der neuanbeginnenden macht

der messias

im leben wünsch ich mir
dein gesicht zu sehen
zu wandeln messias mit dir
im traum zu schweben zwischen himmelsfeen
doch geblieben ist dein antlitz
aus den augen kam der blitz
das grüne licht der hoffnung strahlte mir entgegen
wann wirst du mir wieder begegnen?
wann bricht der nebel zwischen uns?
der traum ein guter war der half
und mich bewahr vor trauer
einsam war ich in melancholie
doch der traum von dir wie melodie
zertrümmerte die bilder der götze phantasie!
es war kein wahn als ich das bild des bärtigen sah
vielmehr wusst ich nun: du stehst mir nah!
heilige magie die mich umgab
zeigt sie nun ihr wahres ich?
messias heut weiß ich mehr: ich brauche dich!
gefallener engel sinfonie schutz
ich hasste mich
doch dichtend will ich nun fortan sein ein humanist
vorleben lieben ohne list
für das bild meiner seele das mir niemand mehr stehle
lieben will ich dank deiner kraft

messias strahle über der welt
ewiglich von deinem himmelszelt!

neujahrstag

unter blutrotem himmel erwächst das geschick
der gezeiten der siegel der sieben verschworenen
der regen beginnt zu schlagen für die verlorenen
nur ein held ist auserkoren
der letzte krieger kommt am neujahrstag so ist`s
geschworen
vom himmel herab mit blutger krone
o mensch nimm dich in acht
dann kommt die letzte schlacht
des himmels angesicht erfüllt mit trauer
der herrscher schrieb es schon vor langer dauer
in das große buch hinein dass der gefallene engel
throne
wenn der mensch kein guter wird so zerbricht das
letzte siegel
und der zorn wird größer sein
wasser wird niemals mehr zu wein!
das schaf der geist und alles droben
hat den plan und es wird toben
bis ans ende kämpfen sie es erschallen die posaunen:
gut und böse bis in alle zeit
der kampf um die unendlichkeit!
das tor wird nun geschlossen werden
hölle lebe nun auf erden
der held den kampf gewann
böse engel sterben der traum zerrann
die stadt von oben kommt hienieden
böses ist nun abgeschieden!
der sieger sprach zum guten:
ich bin a und o
drum lebet nunmehr immer froh

sils maria

droben auf den gipfeln
6000 fuß über dem meer
steht eine kleine hütte
wer darin wohnt:
ein armer philosoph
dem tränen von den wangen liefen
als er seine bestimmung der wiederkehr erfuhr
es war als wenn die götter nach ihm riefen
doch er glaubte ja dass diese schliefen
nein für tot hielt er sie gar
fand das ganze wunderbar
der übermensch schien nun geboren
der philosoph hielt sich für auserkoren
als er lachend-weinend die illumination erfuhr das
denkgewitter
doch sein leben war hart und bitter
denn genies leben schwere leben
am end er in turin um des pferdes halse fiel
wurd er doch zum sklaven seiner selbst
und das war ganz und gar nicht sein ziel
wollt er doch bestimmt ein einfaches bescheidenes
hiersein
doch gott ihm nicht verzieh
er nur im wahren sinn ein einfach mann
o bittere erkenntnis der autonomie
starb sein geist an zuviel phantasie?

die dunkle seite des mondes

von der dunklen seite komme ich
will hinaus ins helle licht
das durch die schatten bricht
der mond auf der anderen seite so dunkel
und unheimlich
die helle seite die gute
die dem menschen schenkt vertrauen und mute
doch hinter dem schweigen bricht
die dunkle seite die gefühle nicht!

auf der mondenseite die der mensch
von unten sieht
ist nichts schlechtes dran
denn er gibt sich so gelassen und zufrieden
am abend scheint sein silberlicht
doch auf der andern seite
die hölle der schatten werden zur
dunklen phantasie
zum angstvollen bilde der manie

der mond seine dunkle seite versteckt
die nur der irrationale entdeckt!
denn wer einmal war dort
darf normalerweise nicht wieder fort
doch von der dunklen seite komme ich
meine angst vor schatten wich
und ich wieder den mond von unten sehe
da mein leben nun endlich frei
sag ich: ich gehe niemals mehr zurück
war lange dort
zu lange
die dunkle seite die schatten bricht
denn dort so sag ich existiert kein licht!

<u>vom baum des lebens</u>

berichten will ich von natur
von einem stück unserer kultur
das sich wiegt im wind
und ewig seine früchte trägt
von einem wesen das keinen schlägt
jahrtausend liegen hinter ihm
der baum des lebens träumt den sanften traum
von gesundung und von raum
dass seine äste niemals biegen
dass menschen niemals nehmen ihm sein letztes glück
o mensch denkt er kehr zur natur zurück
in seinen adern fließt der saft der weite
o mensch schütz die natur in ihrer breite
denn irgendwann wird der letzte baum gefällt
und die natur zu end gequält
doch glaubet mir ich will nicht lügen
die natur wird sich niemals menschen fügen
der mensch muss leben mit ihr immerdar sie schützen
niemals darf er sie ausnützen
o helft dass der baum niemals muss sterben
denn dann stirbst du
dann ist ewig ruh
ohne bäume ohne natur soll niemand sein
menschen wenn ihr niemals sterben wollt
so kehrt zurück zu der natur
und denket an die wurzeln
die sich im erdreich stählen
von was soll ich denn noch erzählen?

das gefühl der stille

stille umwebt mich
stille der einsamkeit
der unfreiheit
stille im raum meiner seele
in meinem herzen
vor langer zeit
nun das schicksal mich der wahrnehmung trübte
vorbei die ruhe des unsicheren
vertrauen das mich stärkt
und neu erhebt von den dunklen trieben
gefühle der freude
durchdringen nun mein bild
ewig wird nun mein herz zum großen aufgefordert
denn gefühle die ich einmal spürte
verlassen nun die wirksamkeit des ortes!
freiheit nicht bestrafung nicht vergeltung
und unruhe bewegen mich
schlüssel des segens bleibst du
der mich lehrt zu leben geben
vergangenheit ist heute
zukunft ebenfalls
denn der traum wird nun vergessen werden
und das leben ruft!
auf zu höheren geschicken
dorthin will ich ganz und gar
denn die melodie der stille
wird zum freudengesang des glückes
erquickt und gelabt vom duft
des balsams der mein herz berührt
der geist nun in mir wohnt
und engel für mich leben
so denk ich nie mehr zurück
denn:
was bleibt ist glück
nichts negatives
auch sehnt sich mein leben nach dem irdischen genie
und stille die mich einst gefangen hielt

nun nur noch dürstet nach mir und dir
der weg ist wieder frei und gehbar
nunmehr bin ich ewig vertraut mit dem geheimen
und will es niemals spüren
denn wer einmal ist
ist niemals mehr ein sklave
dies war die dunkle stufe
und just bin ich hüter des zweiten geheimnisses
auf ewig und immer!

schlüssel des hasses und doch der philosophie
lebe niemals mehr in meinem bild
denn da ist das licht des sternes
des regenbogens
ein engel
der mich niemals mehr verlässt
und die vergangenheit in mir nun ruht
mein leben augenblicklich von vorn beginnt
denn eben bin ich neu geboren
aus geheimnissen des vergangenen
nicht der frühe
so leb ich nun ein drittes leben
mit dem regenbogen
der auf mich nun niederstrahlt
und meine seele mit neuen farben malt!

das bildnis des künstlers

allein auf sich gestellt
kämpft er gegen sich und den rest der welt
hofft und betet arbeitet und bebet
vor der inbrunst letzter klang
anmut willkür dichterdrang
in ihm ruht das geschick der welt des lebens
hofft er doch auf wohlwollen des strebens
das ihm heiterkeit beschert und glück
denn er wünscht humanismus sich zurück
nicht eines des habens
sondern eines des labens
des verständnisses der wiederkunft
für die alte dichterzunft
wie sehr strebt er nach vertrauen
dass menschen auf ihm bauen
dass leben gut erträglich ist
und du der freiheit willen bist
der dichter hofft und leidet
dass keiner seine ideen meidet
doch für den mensch scheint es utopie
für manche sogar wie manie
doch es bleibet fortunas traum
wann gibt der mensch gedanken raum?
hoffentlich schon bald
denn auch ein dichter wird mal alt!

<u>an den liebenden jüngling</u>

novalis dein name steht für das neuland
o liebender verlobter
wie deine liebe
dich doch stärkt!
wie dein herz die wahrheit kennt
der name für alle weisheit steht
und dich bewegt
eine neue philosophie zu erbauen
die den namen deiner gefühle trägt
schöpfer der alten romantik

prophet deiner zeit

kenner der unendlichkeit
du gabst dem unendlichen den magischen schein
so auch deiner liebe deinem leben
ich nur ein bewunderer deiner kraft
versuche das geheimnis der blauen blume zu wahren
und deine idealen gedanken zu verstehen
die götter danken dir für die kraft
die sie dir gab
sophie ist ihr name
gebarst du doch die hymnen an die nacht
so will ich um deinetwillen die
hymnen an die nächte des kummers beschreiben:

gib dem gemeinen den hohen sinn
gib der magie die neue wahrheit!
ich nenne dies die liebe
von der ein tiefgelehrter nicht sprechen kann
deine welt aus märchen und gedichten besteht
gabst du doch dem rationalen das neue bild
zahlen und figuren waren deine trugbilder
fichte dein vordenker des wissenschaftlichen

du liebst mit dem schein deiner zeit
die wirklichkeit erkennst du im phantastischen

liebe deine einzig wahrheit
macht dich unsterblich
die unendlichkeit wartet auf das liebespaar
die magie
ist ideal
der raum
dein traum
und alles wird romantisch sein
deine liebe
deine philosophie
macht deine sprache zur sinfonie
hardenberg:
deine treue zur mystik
ist mir vorbild
lebst du doch auch für den romantischen held
prophet
genie
wirst du genannt
im damaligen land
der phantasie
des surrealen
deine liebe war und wird wie meine eine sein
eine von unendlichem schein
bis der tod euch trennte
und du nur noch wache hielst
die geistlichen lieder schriebst
doch dein leiden euch wieder vereint
gott meinte es wohl gut
und tatsächlich dir und sophie
den unendlichen schein verlieh!

hymnus über den rausch der sinne

verloren gefangen
umhüllt und gebannt
sitzt der schweigende
im stahl
erbrechen übelkeit
triebe der götter
halten ihn auf abwegen
der sinn gefärbt von bilderflut
von liedern ummantelt
umwoben das spiel der demütigen
gefangener im titanoiden denkgebäude
durch raum und zeit gefesselt
die melodie des todes des ungewollten rausches
der tiefe der mantel des stahls
seinen schrei fängt wie trübes denken
stahl und allgewalt schatten finsternis
gottes strafender blick zum jüngling herab
auf dass ihn der teufel hole
erbost und traurig
der hilflose
zusammengezogen frierend und von finsternis
geblendet
im stahl
armut und exzessivität
sind geblendet von der urgewalt des rausches
des rausches der endet im tal des verborgenen
der letzte ritter der das land zu sehen bekam
der sich fürchtet und windet um vergebung

offenbarung der letzte stoß der hoffnung
zerbricht an den wänden des schicksals
der ritter des schwarzen ordens
muss nun gehen
zurück in seine zeit
denn die ausgeburten
verlieren sich durch das spiel der melodie

29

angelangt am ende des rauschs
führt der ritter den kampf um sein leben
der retter naht
ritter und retter gott:
der dionysische trieb verklingt
und am himmel über dem stahl
erstrahlen die sterne der hoffnung

der göttliche patriot

in ketten gefangen
stehst du am fels der göttlichkeit
einzig deine missetat:
feuer
das du den menschen gebracht
halbtitan
schrei es aus:
bedecke den himmel mit wolkendunst
zeus
denn das geniale siegt
gegen die dunklen schatten
der dunkelheit
der mensch ist auferstanden
er ringt mit dir um deine kraft zeus
prometheus
du brachtest licht in die dunkelheit
die ewige dämmerung ist nun vorbei
der mensch lebt nun mit göttlich kraft
um des patrioten willen
der immer noch mit den krähen ringt
die sein haupt in stücke reißen
doch der wille siegt:
feuer durch dich zu den menschen kam
halbtitanoider

o prometheus
leuchte den weg in die neue zeit
das licht das du gabst
trägt den unendlichen schein
vom ersten sein
der patriot
der mensch lebt durch dich die neue art genie
aus den schatten der blitz
kam hervor
wie gedanken

die dunkle bedrohung

genialität sei geschenk
doch der preis unzahlbar
schmerzen der seelenbilder
die marternden hiebe der geister des trübsinns
demut im auge der götter
genialität das geschenk der transparenz
der einseitigkeit
und doch ist es ein gegebenes gutes
doch schlechtes
himmel bedeckt mit düsternis
blutrot gefärbt das augenlicht des schicksals
hindernis der vergebung
des mystisch majestätischen gefühles der götter
das geschenk einer fatalen hingabe
traumbild wahn des allzugroßen
vergib dem sünder was er tat
vergib denn die wiederkehr der verleumndung
des kreises der den namen schicksal trägt
wird geschlossen werden
niemals wird er öffnen sich und sein demutswerk des
segenreichen:
gott die verdammnis weilt des schicksals wegen im
freund
der surrealität
traumhaft und doch unvergeben ist des trüben spieles
wahn des großen der den meister selbst umgab
der ihn führt auf pfaden der unerkenntnis
das rad steht nun im stillen
lux das licht wird bannen die trüben und doch
blutroten augen fortunas
schicksal dein geschenk die dunkle bedrohung
des halluzinatorischen spieles der götze
auf krönungswegen ist der geist gefolgt von
hilfeschreien über die länder des ewigen nebels
zum land der wahrheit
sklavenwelt der geister willen
doch dann sträube ich mein haupt

und trotzdem bin ich nun sklave
gott der ich selber niemals wollte sein
führte mich in meinen alp
zur macht der unmächtigen
der sud des gottes trank
schmeckt bitter
das gift sich dehnt in den adern des verzweifelten
und doch die botschaft der genialität
der heiligen pflanze
engel seh ich sterben
die erscheinung mich vor angst
zum diener macht
pflanze des göttlichen gewächses
tod und doch erwacht der vergiftete im rausch der
sinne
posaunenartiger klang
apokalyptische begegnung des wandels zum genialen
was bleibt ist die dunkle bedrohung
die immer wirken wird
vergiss sprach die pflanze zu mir
doch was bleibt ist der schatten der nacht!

der wi(e)dergebärer

am anfang schien genie
in dir zu herrschen
doch jahr um jahr
wich dies
zum
negativen hin!
„gott ist tot"
war nur der beginn
einer leidenschaft
zum wahnsinn
der den namen syphilis trägt
und deinen geist
für tot erklärte
den gott in dir wolltest du töten
die sklavenstimmen
niederringen
und den übermensch
zum großen zwingen
doch dann kam das jahr
der unvernunft
und du
um der pferde hälse fielst
klavier wie besessen spielst
deine karten mit dionysos unterzeichnetest
und dich für gott persönlich hieltst!
ich nenn dich darum wi(e)dergebärer
weil
dein geist
wi(e)dergebar
aber deine philosophie
wiedergebärt
was den menschen zum übermenschen macht
dein geist aber der wiederkehr nicht standhielt!
einzig deine umnachtung
macht dich zur wiederkunft des gleichen
denn:

darin verbleibt die einverleibung der leidenschaften
zum wahnsinn hin
einer neuen irrationalität
die bejahend die zukunft fordert
und
den willen
der in dir besteht
zum machtwillen erklärt
du sagtest einst du seist wie dynamit
deine philosophie
dich
und den stein der weisen
zum explodieren brachte
dieser trägt den namen metaphysik
großer irrationalist!

die jahreszeiten der ewigen wiederkehr

im herbste verwelkt die blätterwelt
natur beginnt zu sterben
ewige wiederkehr des todeshelden
neubeginn wird kommen
frühjahr mit dir beginnt des neuen jahres leben
der herbst soll nur dein vorbote und vater sein
sommer sei des frühlings gast
winter sei des frühlings rast
vier jahreszeiten sind es die apoll uns schenkte
einzig der frühling sei die wiederkehrende freude die
uns lenke!
des lebens und der liebe die uns zu teil
mit freude lust und zärtlichkeit begegnet
des gottes angesicht in ihm verbirgt sich die liebe
seiner selbst
frühjahr heilige zeit des anbeginnes
nicht nur der freude sondern der geburt des königs

der

natur
in ihm steckt des quelles brunnen der kultur
o wiederkehr wie lieb ich dich
o frühjahr wie vermisst man sich verliert
in den weiten des herbstes

unendlich

die natur und der drache

bäume rauschen
wellen wehen
winde wogen
und natur entsteht

vögel fliegen
singen
tiere erweckt
vom ruf des morgens

menschen und natur
in ewiger leidenschaft
begegnet der sturm
den kornfeldern

ein hauch von sonnenschein
bedeckt die lichtung
und der wanderer und das tier
erfüllt von glück

ein kleiner junge lässt einen drachen steigen
in die lüfte der gezeiten
und der wind singt lieder
der drache sich immer höher zum himmel hebt

der drache sich in den sonnenstrahl verliebt
und es ihn auf ewig in den himmel zieht
der wanderer das tier der junge
nur noch bewundern seine fährte

der weg befreit der drache steigt
und die ewigkeit scheint nah
natur ist wunder und wunderbar!
wind und drachen vereinigen sich zu ewiger freiheit

also sprach zarathustra (verlorene fassung)

wohl wisst ihr helden der neuankommenden zeit dass
das schild der magie zerbrach dass die weisheit
entschlief der triebe des urgesteins dass ich gott nenne
der sklave brach die lanze zum guten der übermacht
list ist der mensch selbst der in seiner freiheit die haut
abstreifte der mich falsch verstand: mein vater
sprach´s in mir aus die freiheit sei´s die zählt und das
relative das sich ewig weiterdreht zurückgekehrt bin
ich zur stadt der bunten kuh um ewig wahrheit zu
reden
jünger ich lehrte euch den übermensch der ihr nun seid
doch die zeit will´s und die wahrheit war verdreht
sagte sie doch vom fels der klugheit herab: gott sei tot
das war´s was ich verstand was mich verführte
falsches zeugnis abzulegen denn nun weiß ich vom
gott der freude zu reden und meinen menschenwillen
abzulegen
die weisheit in mir bringt´s zu tag: gott lebt nun will
ich reden und bekennen dass meine lehre führte mich
vor gottes angesicht
und dieser war es der mich tanzen lehrte der mich ließ
genesen der die wissenschaften in mir forderte!
o glaubet mir gott ist nicht tot er lebt in mir drum will
ich sein und für ihn leben da doch sein sohn der wahre
geniale ist weiß ich
ich bin hüter der gemeinschaft und ein hinterwäldler
nimmermehr so nehmt mein lied bevor ich sterbe ein
lied der liebe für meine hiebe gegen gott denn nun steh
ich dazu: der gott in mir ist nun tot und auferstanden
und er liebet mich erneut nun höret mich:

von dem nachtwandeln hab ich genug
meine seele soll gesunden
denn nun hab ich den weg zurückgefunden
weiß ich doch dass es dich gibt
dass in meiner seel mich etwas liebt
so will ich stolz bekunden

übermenschen sollen doch gesunden!
o herr wie unklug war ich doch
wirf mich nicht gleich ins schwarze loch
denn sklave will ich nie mehr sein
lebt doch in mir dein!

blütenwelt

der herrliche duft der blütenwelt
gott erschuf die wunderbare welt der blumen
um dem menschen ein geschenk zu bringen
die natur zur einzigartigen zu zwingen
der duft im lenz zum großartigen wird
doch der mensch dies missversteht
pflückt blumen
bricht der blüten hälse
anstatt sich daran zu erfreuen
er muss umbringen das veilchen die rose
die da steht dann in der vase lose
der mensch wenn er ein guter wär
würd pflücken das gesamte blütenmeer mitsamt der
wurzel
wie es einst bei goethe hieß
ihn der duft wohl nicht in ruhe ließ
und er auszog zu finden das blümelein
das er nahm komplett mit heim
der mensch sollte ähnlich so verfahren
denn natur ist kostbar
der duft des großen blütenheers
würd wenn der mensch ein guter wär
niemals untergehen
die blaue blume will ich niemals sterben sehen!

hymne über das orgelspiel des genies elias

schlafes bruder
du interpretierest auf der alten kirchenorgel
das wunder beginnt zu geschehen
die grausame melodie
das präludium
die eigens geschaffene sinfonie
des morbiden
des todes
des bruders
überrascht die kirchenbesucher
die kerzen erlöschen
durch dein furchtbar orgelspiel
doch die beobachter wie gebannt
deinen ausführungen folgen
die melodie des grausamen
dich entführt auf dunklen pfaden
du wandelst
der liebe wegen
des triebes
o komm o tod du schlafes bruder
nimm ihm sein gebrochenes leid
da er um deinetwillen
die destruktivität der noten seines spieles
vollenden kann
doch um der sinfonie willen
er schmiedet den dunklen plan
der narrenschwämme des stechapfels der tollkirsche
der raum seiner seele immer mehr zu dunkeln beginnet
und er der melodie entschwebend
sich sehnet nach der ewigkeit
nach dem unendlichen scheine
tränen beginnen von seinen wangen zu fließen
und der zauber seines genies
für immer unaufhörlich sehnet sich nach der
unberührten!

die straßen ohne namen

einst verloren wandelt ich

zu suchen nur noch mich
auf den straßen ohne namen
zu finden einen rahmen
für mein verlorenes bild
doch was ich fand :
es war deine hand
die ich spürte
die mich verführte
zu wandeln auf den straßen gradewegs
zu unterdrücken meinen hilfeschrei
den ich bevor ich deine hand spürte ausstoßen wollte
doch die hand die mich band
zeigte mir den namen auch den neuen rahmen
in dem wir beide zu sehen sind
und darunter der name: straße der liebe
so nennt man sie
der triebe der magie
nun da ich jetzt weiß wohin der weg mich bringt
geh ich ihn gern wenn´s mir gelingt
nun hab ich meinen rahmen von unserem bild
der mich schützt wie ein schild
der mir half zu überwinden die trauer
denn mit dem bildnis war diese nicht von großer dauer
o bildnis o liebste hand ich seh das ende der straße
da ich dich erkannt
schrei ich´s aus:

du und ich
ich liebe dich!

gespaltene konversation

gespalten haltlos
ist die konversation der personen
die lauern überall
und wollen dem menschen das böse
über-ich und unbewusst
wird die lage ernst
der geist der macht will des kopfes
besitz und der anbeginn
der herrschaft des zuwiderhandelnden
der mann kämpft um die kraft
die ihm wohl ausgesaugt und abgelagert
in den weiten des bildes wird es dunkel
und die konversation der sensibilität beginnt zu wirken
der kämpfer der mit jedem wort die kraft zerstört
die unterhaltung wird zur demonstration
des geistes der beherrscht und missbraucht
der triebe des unwirklichen
fühllos und trotzdem sensibel
die gefühle trüben die beanstandungen des teufels
und all seiner ausartungen in stimmen
die begreifen und gedankenlesen
die die macht des seelenden ergreifen
und auf pfaden des bluts sich stählen von generation
zu generation
die trübe im bild des verzweifelten der sein genie
nicht entdecken wird wird haltlos und bestätigend
denn der geist des stimmigen klanges wird berührt
von unberührtheit und erweiterung
der mann bricht nun in sphären auf die zuvor
keiner sah auch die keiner fühlen kann
allein und nicht allein wird leben zum gewaltigen akt
der unfreien trüge des luges und des königs
der seine missgeburt im seelenspiegel kennt
man und mann befreien sich von den begebenheiten
und der glut ist kein leben entgegenzusetzen

kokain

du warst ein wahrlich dunkler dichter
des morbiden
des ausdruckes
der expression
dein sebastian im traume
verdunkelte die welt
über der dämmerung
steht ein name:
-grodek-
es machte dich ein hauch von verfall erzittern
dein trübes herz
der melancholie nicht standhielt
und du trakl
die verzweifelte tat begingst
und um dein leben willen
anfingst
schwermut zu leben
und im halluzinogenen schein
gedichte der desparation
der leiden
der depression
zu erstellen
dein dunkler begleiter
dich immer wieder
verführte deinen süchten nachzugeben
auf dem schlachtfeld dann
in verzweiflung
und trübsal
dein schicksal dich übermannte
und das weiße gift
in deinen adern schmerzte
trakl
vorläufer einer anderen welt
dein atem schien zu stocken
und der gott
fing an auf seiner knochenorgel
die melodie des einsamen zu spielen

vor dem jüngsten gericht überfiel dich die letzte
wahrheit
dunkel war dein weg
grausam die metaphern
des unglücks
der wilden zweisamkeit
deiner sucht
und laster
die seele ringt um gnade
vor den hunden der hölle
doch die orgel spielt immer noch das gleiche lied:
das lied des in sich verlorenen

entweder-oder

so dachte einst die welt
vom entweder-oder vom ästheten dem held
oder vom konservativen dem rationalen
und was ist schon dies: es ist das geld

reden will ich von beidem von geld und dem genie
und auch von der ästhetischen künstlermanie!

mich stört auf der welt das rationale die dekadenz
sie soll nicht werden zur lebensessenz!
geld ist der ursprung aller hässlichkeit
so bitt ich: vergesst die heutige zeit
lebt durch kunst und für die kunst
seit ästheten und lebt ohne kriege
schreibt gedichte durch eure liebe
lebt für den traum der herzlichkeit
für das sein denn dann ist es soweit:
ein neuer humanismus überkommt die welt
ein humanismus in dem zählt nicht das geld
sondern nur das verständnis ohne krieg
so bitt ich lernt wieder das denken
nicht das manipulieren und lenken
strebt für die einigkeit und gegen das geld
damit man wieder atmen kann auf dieser welt

bezahlung abfindung raffgier
das genie steht dagegen
weswegen:
aus gründen der qual
wird geld zur sklavenmoral!

die lehrlinge zu sais

3. die ankunft der götter

es bedarf so vieler geheimnisse der natur
doch ich bin ein lehrling des umfeldes
der mit den steinen lebt
der himmel und meere kennt
der weisheit in den gräsern sieht
ich bin ein gelehrter des lehrenden
und dies sei sais
der gott natur erhebt
ein wahrer kundschafter der geheimnisse
des selbstsehenden
wunder der wunder
der ewigen symbolischen philosophie des pantheon
poesie wird getragen vom geiste des natürlichen
und erhebt dies zur übernatürlichkeit
der berauschende drang des trankes den ich natur
nenne
der die wahre macht ergreift
des lebens geheimnisses:
ich sehe mich als den lehrenden lehrling
der in den säulen zu sais das wunder
des karfunkels vor den augen der jünger offenbart
der auszog um das ewige spiel des windes neu erlebt
und sucht
gereist bin ich durch viele zonen um mein eigen leib
zu kennen
wunder geschehen in den heiligen hallen
das licht
das durch die schatten wich
natur erlebt der lebende von vorne und entdeckt auch
sich
so wie ich einst ging um mein leben zu durchstreifen
und die namen des göttlichen weltgesichtes zu
erfassen
so bin ich nun am ende meines ganges und erlebe das
spiel der gezeiten zum letzten male

bin froh und doch erschwert von diskussionen
erzählt ich doch von der natur und weiß nun
mehr von neuen meeren
diskussionen und diskurse um geheimes
hielten mich vom ende ab
nun geh ich fort so wie es meister wollen
die gebäude aufgebaut
träume will ich ewig in den säulen spüren
doch dies wird mein ende sein
werden doch die griechen kommen und auf ewig
schweigt des alten stimme
so werd ich nun zum reinen
und die welt um sais wird hochgehoben
von göttern geistern und dämonen
memnon wird an meinem platze stehen
die lehrlinge den neuen kreis begehen
nun muß ich fort und ewig weichen
mach platz für zauber und für sais
gehe durch den zauberspiegel des schleiers
hinaus aus phantasie
hinauf in göttliches gebälk
nun sammelt steine lehrt das meer
lehrt die lehrenden
vom großen bild

zu pyramiden geh ich nun
-testamentarischer frieden-
sais naturerzeugnis
das die sinne ewig schärft

die gebote der liebe

ein mensch von güte sollst du sein
ein liebender gerechter
der im innern seines herzens spürt
wie gut der nächste hilfe braucht
und nicht ausnützen sollst du
lebe liebe mit engelszungen für deine seele
lasse sie deinen traum wahr werden
träume mit dem frieden für alle menschen
beschütze deine nähe zu dir selbst!
denke bei allem was du tust
niemals zuerst an dich
strebe für höhere geschicke
für frieden für deine liebe
strebe nach geborgenheit zusammenhalt
nach allem das sich ein **mensch** ein guter wünscht
lasse deine seele dein inspirator dein kreativum sein
wenn du eines tages dich sehnst nach alldem
so glaube mir: liebe ist das größte geschenk
das gott deiner seele schenkte
und deswegen höre immer die weisungen deines
herzens
ein traum ist keine lüge die niemals in erfüllung geht
träume erfüllt gott den gerechten und nur ihnen
nicht den boshaften und niederträchtigen
da ihre seele nicht ihr steuermann ist
sondern sie nur haben wollen
und nicht geben
befolge gut diese weisungen denn sie sind schlüssel
eines jeden humanistischen menschen der das glauben
in seiner evolution nicht verlor der stuf' um stuf'
musik in seiner seele klingen hört der kind bleiben will
und das lieben in seiner qualität zu
schätzen weiß versuchen will ich selbst ein solcher
mensch zu werden und liebe will ich kennen lernen!

gedanken

voll schwermut erfüllt
in trauer gehüllt
stehst du da
mit deinen grauen augen
die die wahrheit kennen
die den einstig glanz der dich umwob
in andere sphären schickte
und des diamanten auge zum erlöschen brachte
gedanken die du nicht mehr denken kannst
die deinem sinne entflohen
die deine philosophie
des genialen
zum hohen weisheitswert erhob
dramen waren sinnbild deines denkens
doch die natur durch die du wandeltest
zum großen wahn erklimmt
dir den stein der weisheit nimmt
und immerdar
für alle zeit
dein handeln erschlaffen läßt
lenz:
einsam warst du auf der welt
ließen dich doch deine
wohlgesinnten
alleine durch die qualen deiner anmut
streifen
auf dass dein göttlich diamanten aug
zum trüben, grauen wurd
die zeit der feiern des genies
dir wohl zu kopfe stieg
und du selbst ein solches wurdest
erfuhrst du doch die göttlich macht
dein haupt erfüllt vom wahren
doch zugleich vom sinn des wahns

<u>rausch</u>

der berauschte in dionysischen sphären von göttern
umwoben
gefallen
in die niederungen der leere die ihn nun bewohnen
halluzinatorische operationen
bejahende irrationalität
glaube an andere dimensionen
sphären die ihn nicht mehr freizugeben scheinen!
der berauschte in genialer absicht verdorben
ungeliebt und ungebraucht
ein werkzeug gottes
das zwecklos geworden ist
da der anhänger der dunklen religionen
nun kämpfen muss in seiner kraft
der vormals gutgeglaubte transzendiert nun zu der
neuen wahrheit
der alten lüge
gefangen untot und doch belebt von seinen trieben
steht er da in offenbarungshaltung
und mit werkzeugen der dämonen
aufgebraucht ist seine kraft
sein wille
einzig die sucht hält ihn vom denken ab
glaube kräftigung und durst
sind unteran seines leidens
der unheilbaren ungöttlichen furcht
des verfalles seiner letzten operation
dunkle mächte umgeben den geist seines fleisches
morbid seine gedanken
destruktiv sein wille
die neue operation muss begonnen werden
der schein seiner leiden gezügelt
macht bestätigt sein vorhaben
macht macht ihn zum jünger der alten generationen
die sterben und neu auferstehen
jetzt jünger im nächsten augenblick gott

dann wohl lockt der neue verfall zur neuen
jüngerschaft

über das ende des genies elias

o götterknabe ungeschick der liebe
zwang dich zum geistigen hiebe
gegen dich selbst und gegen den rest deiner triebe
zwang dich zum schlafen nimmermehr
das alte kirchenlied dir sorge trug
schlafes bruder war der seele groß genug
zu tun die verzweifelte tat
folgtest du nicht gottes rat
lieben war dein missgeschick
denn genies wie du müssen wohl doch einsam sein
war doch die liebe gar nicht dein
göttlich bestimmtes ziel
am end nachtschatten siegen gegen die dunkelheit
elias: liebe ist bestimmt ein opfer deiner zeit
schlafes bruder o mach dich bereit
denn er wandelt berauscht vom stechapfelgift
zu dir zu den göttern zum himmlischen licht
o komm o tod du schlafes bruder
bring der liebe letzte gabe
führ ihn an gottes letzte nacht
denn sein drang hat ihn um den schlaf gebracht
und wieder schied ein göttlich berauschter
durch deine sinne fort
o bruder bringe ihn an den heilgen ort!

sonnenaufgang

morgentau die welt erwacht
der gesang der vögel wie melodie
erste berührungen der sonne auf den wipfeln
des mit schnee bedeckten hügellandes

gott vollbringt sein schönstes werk
den sonnenaufgang
der wie eine erbarmung die welt
erneuert und erfüllt

morgen erweckt das land
leichtes windeswehen
die spur der sonne steigt
von osten her zur ewigkeit

die natur erwacht von finsternis
und dunkelheit die welt entsteht von neuem
lithium der sonnenstrahlen
der mein haupt bedeckt

segen über dem land der heimat
freiheit
lebenslust
und befreiung alter trüber gedanken

leben will ich nunmehr wieder
jeden tag von vorne neu
und auferstehen
aus dem grabe der vergangenheit!

ein vogel in den lüften
verdrängt die negativen dinge
und mein leben wird erquickt
von ewiger lust am lieben

<u>hölderlin</u>

auf dem weg nach tübingen
spürtest du natur
dein weg ein weiter
von bordeaux
durch die höllen der vernunft
dein marsch ein erbitterter
mit jedem tag stieg die sensibilität
und stimmen wurden laut!
es schien als würde die natur
mit der du in einklang lebtest
zur lebendigen
die tiere und pflanzen
auf deiner reise
fingen an dionysisch zu wispern
und
die götter schienen dir nicht gnädig
der herrscher der übelkeit
überkam dich
als ich dich traf
du nur noch mit dir selbst
im zwiegespräch
das wispern
erzählte dir
ein schicksalslied
hyperion
nanntest du deinen unsichtbaren begleiter
immer tiefer
wirkte die natur auf dein haupt
in dem wohl
der gott der dunkelheit
sein unwesen trieb
ich versuchte dich zu beruhigen
und nach zwei langen nächten
erfuhr ich dein reiseziel
ich beschloss mit dir
dorthin zu gehen

doch jeder kilometer
jeder schritt
ein
höllenritt
manchesmal zweifelte ich an meiner selbst
doch
dann kamen wir in deinem orte an
und ich den tränen nahe
gab dich in dein verließ
o manchesmale träume ich noch davon
mit dir durch
den stimmenwald zu wandeln
mit dir
und dem genie in dir
auf pfaden der erkenntnis zu gehen
ich nenne dich von nun an
hölderion

- dein bellarmin -

die schöpfung

natur wunderbare umarmung
der welt
träger des lebens
der urzeit
durch deine adern fließt der saft
der unendlichkeit
dein atem
erquickt des menschen lebenslust
am anfang war das nichts
bis der kreator schuf
was dem bewohner
der anfänglichkeit
natur zu bringen vermochte
licht wasser erde
reißende ströme
sonne
wurzeln so stark dehnen sie sich im erdreich
all das hat gott in seiner schöpfung vollbracht
das licht das wasser und auch die nacht
in sieben tagen ward´s vollführt
und der gast von dem wir alle einer sind
schützt sie nicht
baut reaktoren
führt kriege
zerstört den regenwald!
doch wie lang wird die natur
sich dies gefallen lassen?
natur besitzt unendlich kraft
macht die ihr keiner nehmen kann
und wenn sie sich dann einmal wehrt
der mensch für immer muss dann gehen
für immer muss er verlassen
was gott für ihn gebaut
womöglich zerstört der mensch nicht nur natur
womöglich auch ein wenig den schöpfer selbst
denn dieser pantheos
steckt in jedem baum

in jeder blume jedem berg
und dies alles zerstört sein eigen gast
baut autobahnen
fabriken müllberge
der mensch muss noch so vieles lernen was er einst
vergaß
natur schöpfung
der höchste geist
der mensch nur sein zerstörer!

<u>verfolgung und zyklus</u>

gelähmt vor angst
verfolgung untergang des eigentlichen
aufholjagd
des verfolgers wissen
umgeben von feinden altersgleich
und doch bedroht vom freundesband
das sich zieht zwischen dem starren
und seinem folgenden widersacher
wieder und immer wieder
werden die züge des verfolgenden
und des vorauseilenden sich kreuzen
doch erkennen werden beide nicht
angesicht und trug der seele
der spannt zwischen dem hektisch verlaufenden spiel
der hintergehung des allegorischen wahns
der lastet auf den schultern der habgier
des verlorenen
der sich findet im kampf der ängste und der
schwingung
die aufgetürmt sein schlafen missachtet
der verfolger immer dichter an die masse
seines verlangens dringt und der ahnungslose
durch sein paranoides spektrum
die katastrophen des eigensinnes spürt
verfolgt und weggelaufen
wie ein sträfling auf der flucht
erblickt der sonnenstrahl den dunklen seelenort
an dem nur beide sich vereinen können
zu gespalten und gesammelt
am grauen des tages
wird die vereinigung vollzogen
nur in der nacht
im schattenlicht wird angst gespürt
der durst und das verlangen
im nächtigen von wahn getrübt gestillt
verfolgt verlaufen wiedergefunden

lebt der mensch sein tagesleben doch dann kehrt das
gefühl zurück!

philosophie der freundschaft

gedankengebäude sind aufgetürmt
lehren der weisheit
ideologien und wahrheiten
der befreiung
der freundschaft zur weisheit hin
doch wo ist die philosophie
die die höchste reine wahrheit bildet?
nächstenliebe herz
und die erkennung der werte
sind sie nicht der lehren
grundgedanke
wenn der mensch zum mensch
sich wie ein wolf verhält
und nicht des andern würde schützt
so wird die welt niemals erfüllt
vom göttlich bild der freundschaft
der mensch muß doch für menschen leben
den guten willen immerdar behaupten
und des wesens willen zeugen
daß er doch zu etwas nutzt
was die welt ein wenig zu bessern gedenken kann
ich bezeichne dies als einen magischen schlüssel
der ideal das tor zur neuen welt eröffnen wird
ein paradies der mensch erbauen sollte
für seine seele und sein eigen
fleisch
muss der neue philosoph geboren werden
der die gebote des wissens um des göttlich planes
neu erwecken kann
und der die liebe als die höchste wahrheit sieht
der aus ihr

ein neu gebote bildet
das den namen
den der mensch sich ausgedacht
zum bruder macht
es muss doch der bruder den bruder umarmen
die welt erstrahlen im glanze der philophilosophie
o freund des freundes der weisheit
muss denn nicht der göttlich plane
vom seelenwunder
dem mensch ein neues antlitz
verleihen?
muss denn nicht ein held unser aller träume stillen?
der einstig held hieß zarathustra
der die freiheit spüren ließ
doch das seiende für tot erklärte
nun suche ich nach neuen helden
nach freunden der freundschaftsphilosophie

kunst um der kunst willen

impressionen
surrealismus
expression
blauer reiter
irrationalität
dies ist alles kunst
kunst
die durch das gefühl entsteht
jede kunst basiert auf gefühlen
auf einem magischen trieb
der die kunst zu fördern weiß
kunst sprich schönheit
ändern des menschen eigensinn
beleben kultur
und erwecken unsagbare freiheiten
die nur der kreator selbst erleben kann
die nur gegeben von gott selbst
dali miro picasso
van gogh
dürer
sind nur einige auserwählte
für die kunst und mit der kunst zu leben
malerei und graphik
plastiken holzschnitte
können wunderbar den mensch berauschen
der aus ihnen in seiner phantasie
das kunstwerk noch zum bessern macht
kunst der aspekt des schönen
der triebe
der unendlichkeit
freude im auge des erschaffers und bewunderers
nur ein kleiner pinsel
nur ein stück papier können zum
liebenswerten werden
zum
berauschenden dionysisch
antirationalen

nur der pinsel und der bogen
die leinwand
das atelier
ich zitiere miro:

mein atelier sei mein garten!

versuchung

versuchung auf dem kurs des lebens
von hier nach überall
von dort bis in weiten der welt
versuchung nach begehrtem
und doch ungeliebtem
der den reisenden auf seinen pfaden
nach dem unbekannten aufbruch zieht
licht ist nun in schatten aufgebrochen
freiheit wird zum aliment
lust auf neuere erscheinungen
die dem suchenden
den neuen drang erweisen
es ist die versuchung unbekannter wege
die der wanderer auf seinen bahnen
führen zu den höhlen der dämmerung
es ist die dämmerung des dunklen
die über tag und normen dringt
über verstand und auch konsum
der bestimmt wird von feindschaft
nicht von freundschaft
denn die feindschaft
die den mann durchdringt
ist die des hasses seiner charakterlichen kunst
und seines wertsystems
das nun getrübt und schwarz
von blutigen monden
und sterbenden sternen gefüllt wird
der einst freie ist im begriff niemals mehr das licht zu
sehen
der mensch und freudheit nie mehr zu begegnen
nie mehr...
sondern sklavenhaft wird er nun sein
durch versuchung und verführung
die wie alle laster werke satanischen ausmaßes sind
frei will er doch sein
doch kommt er wohl niemals mehr zurück ins licht!

<u>über das schreiben</u>

schreiben ist ein göttlich mittel
böse geister zu vertreiben
mit phantasie
gedanken wundervoll zu formen
auf papier
mit stift
die magie sprechen zu lassen
den dionysischen trieben sich zu ergeben
mit promethischen augen
dem goethischen genie
mit homerischer schöpferkraft
mit wortgewalt
esprit
die wahrheit suchend zu bestehen
freiheit heißt schreiben
heißt kunst
heißt ausdruck und perfektion
im auge des betrachters
die welt
zum thema des unendlichen des höheren
zu machen
in dem der schreibende dem geschriebenen den
novalischen schein verleiht
wird klarheit über die welt gebracht
die paradoxien und synästhesien
das symphilosophieren
die entstehung der weltweisheit
liegt in der schreibenden hand
die durch ein gestähltes auge
zum großen medium wird
leben die bücher bald fragt hölderlin
und dies ist eine aufforderung
zum schreiben
zum austausch des gedankens mit dem papier
ist denn die feder nicht mächtiger als das schwert?
schreibet auch ihr
für den austausch

für die befreiung
für die besinnung
für all die guten dinge
die in dieser macht liegen
und die ein jeder nutzen kann

zeit

zeit und ewigkeit
niedertracht und leid
wo bleibt der raum der gefälligkeit
jeder denkt doch nur an sich
wann gott denkt der mensch an dich?
konsum und macht
der gierige lacht.
wenn nur wieder liebe zähle
und der mensch in gott sich stähle
wär die welt befreit von not und kummer
doch der mensch kein guter ist
da er eben nur mit list
des nächsten liebe misst
und bei weitem noch vergisst
dass gott für des menschen not
entwarf 10 gebot
die uns helfen sollen
doch da der mensch all das vergaß
schreib ich meine eigenen
für die liebe schreib ich sie
für gott und am end für die magie

<u>seelendemonstration</u>

stachel durchdringen den menschen
der sich bewegt von hier nach irgendwo
von dort ins ungewisse
stachel streifen seine haut
stachel die berühren und doch schmerzen
die seele bewegt sich zum aufstand
zur demonstration
die sich wehrt gegen den menschen
der sich berühren und streifen lässt
die demonstration geht so weit
der stachel die zeit
der mensch allein auf sich gestellt
kämpft gegen aufstände
gegen die zustände
die stachel im seelenbild ihm zeigen
gestochen schmerzerregt protestiert
die seele gegen leichtsinn und zerfall
gegen unsinn und glut
die die unvernunft nun zeigen
magie erhebt sich
zustand belebt mich
ich bin der mensch der mit den stacheln kämpft
kämpfte und gewann
doch leichtsinn führt mich wieder hin
ins land der begegnungen
der traumäpfel
die den mensch der ich wohl war
verführen ihn berühren
und gefangen halten
die ihn leiten auf wege die sich trennen
verlieren und vielleicht
sich wieder finden
den stachel und den apfel in irrationale bahnen binden
doch zeiten kommen und vergehen
stachel stechen
prüfungen werden gehalten ob ich sie verstehe
oder doch vielleicht noch untergehe

stachel berühren stechen
verführen brechen
seelen demonstrieren
gegen unvernunft
was bleibt ist zukunft
mit und ohne stachel
mit und ohne protest
ob mit verstand oder mit leichtem sinn
zukunft kommt geht
auch wenn wieder andere durch länder reisen
in denen ich einst war
mein leben ist nun wunderbar!

die entstandene zeit

weit weg von hier
weit weg von mir von uns
entsteht zeit unendlichkeit
weit entfernt und doch so nah
entsteht durch ein medium zeit ewigkeit
ewig zieht die bahn den weg
ewig geht der strang des lebens
von hier in ungewisse sphären

sekunden werden wohl in großen zeitfabriken
angefertigt
minuten am fließband hergestellt
stunden designed von kleinen geheimnisvollen händen
die wege für uns alle sind und bleiben
zeit ist das fundament der welt
zeit stunden minuten sekunden
werden sie nicht von geheimnisumwobenen wesen
erfunden

wesen die die zeit bestimmen
die entscheiden ob stunden schnell oder langsam
verrinnen?

zeit ist macht und macht können sekunden sein
minuten zehntel ungewisse ewigkeiten
macht besitzen wohl nur diese gnomenhaften
wunderlinge
die die welt und alle welten wohl beherrschen
die uns zeigen
womit der mensch nur sklave ist

„noch fünf minuten!" oder „in einer stunde muss ich
wieder weg"
ist sklaventum und spiel das nur die zwerge der zeit
mit uns wohl spielen!

hymne der liebe

ohne dich du traum
wär ich verloren
in den weiten meiner seele
die welt ganz dunkel
zu strahlen beginnen würde
ohne dich mein herz
gebrochen
o liebe wie braucht der mensch nur dich
den elysenhaften schein
der freude
des erquickten abbildes das man spiegel nennt
seelenspiegel
ohne liebe
ohne jegliche art der begierde
der zärtlichkeit
der ungebrochenen banner
des ewigen scheins
der mensch ein leidender
ein lachen
ein zauber
eine phantasie des magischen
das man liebe nennt
führte mich zu dir
einem menschen
dem ich will vertrauen
für den ich all mein haben gebe
und ewig will nur sein
für dies geben
des allumfassenden sinnes
nannte ich dich stern
forderte deine hand
wär ich doch nur wieder bei dir
im schein des morgen
der mir soviel gutes verspricht
der das leben zum lebenswerten macht
der befreien kann
heilen

das alles und viel mehr kann liebe
mit dem andern hand in hand zu gehen
freiheit gibt sie zudem
die freiheit und das bewusstsein
des gebraucht-werden
ewige freiheit
hoher gotteszauber
genie des herzens:
liebe ist ein geschenk
das ich erfahren durfte
und niemals missen will
denn die melodie
singt das lied des zweisamen verständnisses!

Inhaltsverzeichnis